Este libro pertenece a

....

this book belongs to

ANIMALES
Libro para colorear

Coloring Book
ANIMALS

Perro
Dog

Gato
Cat

Tortuga
Turtle

Conejo
Rabbit

Pájaro
Bird

Gallina
Hen

Gallo
Rooster

Vaca
Cow

Pato
Duck

Cerdo
Pig

Oveja
Sheep

Pavo Real
Peacock

Caballo
Horse

Toro
Bull

Burro
Donkey

Cabra
Goat

Murciélago
Bat

Oso
Bear

Oso Panda
Panda Bear

Puercoespín
Porcupine

Ardilla
Chipmunk

Lobo
Wolf

Mapache
Raccoon

Águila
Eagle

Búho
Owl

Tucán
Toucan

Jirafa
Giraffe

Chimpancé
Chimpanzee

Flamenco Flamingo

León
Lion

Elefante
Elephant

Gorila
Gorilla

Hipopótamo
Hippopotamus

Rinoceronte

Rhino

Camaleón
Chameleon

Tigre
Tiger

Cebra
Zebra

Anaconda
Anaconda

Camello
Camel

Cocodrilo
Crocodile

Canguro
Kangaroo

Pez
Fish

Delfín
Dolphin

Cangrejo
Crab

Tiburón
Shark

Orca
Orca

Pulpo
Octopus

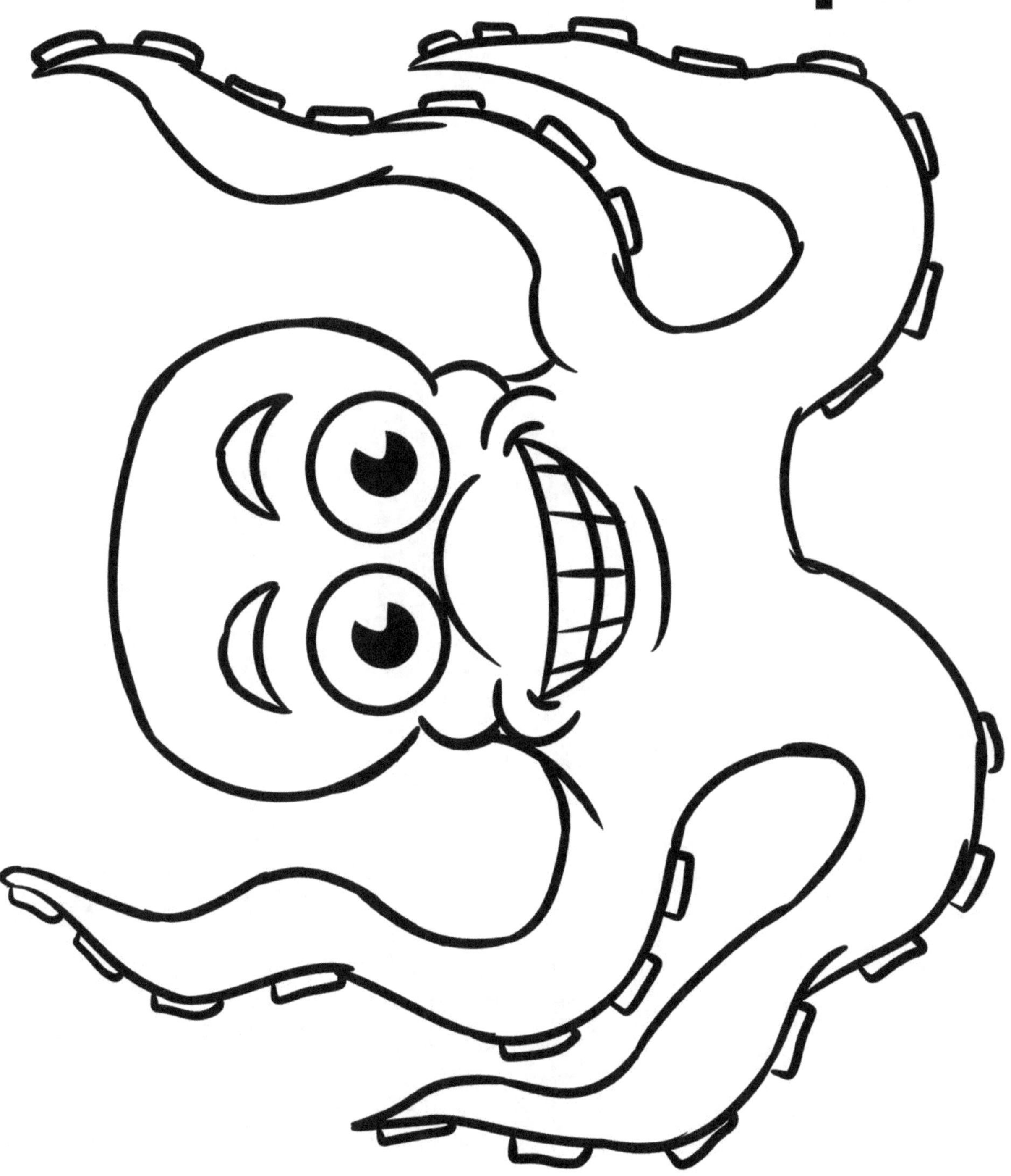

Pinguino
Penguin

Ballena
Whale

Foca
Seal